Novena

SAN ANTONIO

Por Laila Pita

© Calli Casa Editorial, 2012
Yhacar Trust, 2021

Todos los derechos registrados. Prohibida la reproducción total o parcial de esta obra en todo su contenido: texto, dibujos, ideas e ilustraciones de portada, sin autorización por escrito.

www.solonovenas.com
#2500-787

UN POCO DE HISTORIA

San Antonio nació en 1195 en Portugal. Murió en Padua dónde se veneran sus restos. León XIII lo llamó: "el Santo de todo el mundo", porque su imagen y devoción se encuentra por todas partes. Era poderoso en obras y en palabras. Se decía que habitaba en esta tierra, pero su alma vivía en el cielo. Es patrón de mujeres estériles, pobres, viajeros, albañiles, panaderos y papeleros. Se le invoca para encontrar objetos perdidos y un buen esposo/a. Su nombre fue: Fernando de Bulloes y Taveira de Azevedo. Cuando ingresó a la orden de Frailes Menores cambió su nombre por Antonio. Hijo de nobles de Portugal. Educado con los clérigos de la Catedral de Lisboa. A los quince años estuvo al cuidado de los canónigos de San Agustín. Después se trasladó al priorato de

Coimbra. Ahí se dedicó por entero a la plegaria y al estudio. Logró adquirir amplio conocimiento de la Biblia. Nació en él el anhelo de dar la vida por Cristo. No le faltaron las pruebas. En la juventud fue atacado duramente por las pasiones sensuales. Por su empeño fue admitido en la orden de la Santa Cruz. Enfermó de hidropesía. A pesar de esto predicaba los cuarenta días de cuaresma.

MILAGRO

En Ferrara un hombre estaba furioso a causa de infundados celos hacia su mujer. Ella acababa de darle un hijo, pero él no quiso tocar al recién nacido porque estaba convencido que era fruto del adulterio de ella. San Antonio fue llamado por ella para que la ayudara. El Santo tomó en brazos al niño y le dijo: "Te suplico en nombre de Jesucristo, verdadero Dios y

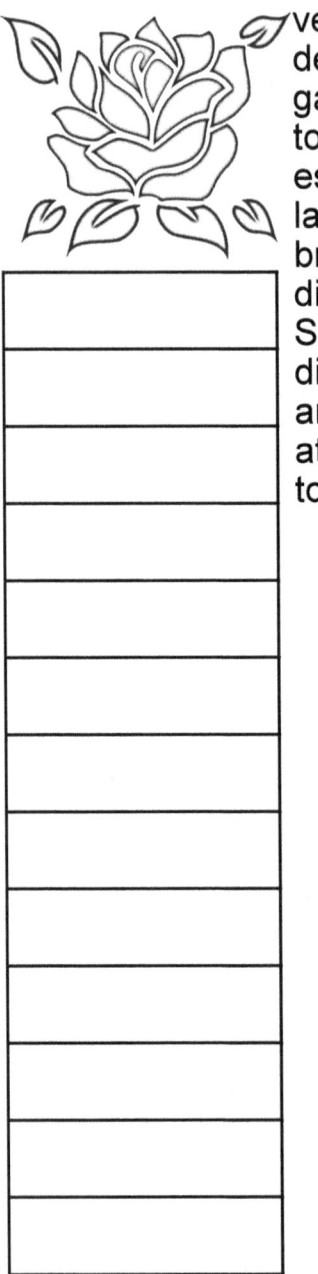

verdadero hombre, nacido de María Virgen, que me digas en voz clara, para que todos puedan oírlo, quién es tu padre". El niño, señalando con el dedo al hombre celoso, con voz clara dijo: "éste es mi padre". El Santo se volvió al hombre diciendo: "Toma a tu hijo y ama a tu mujer, que está atemorizada y se merece toda tu admiración".

ORACIÓN DIARIA

San Antonio, San Antonio, algo se me ha perdido, haz con esto que entono, que se vea aparecido. Divino Santo partícipe de incontables misericordias a lo que te pido presta oído. Bendito Señor baja un momento de tu trono. Ven a ayudarme en este momento de abandono. Con esta novena que te doy yo te suplico que lo que tanto busco se encuentre en algún lugar por mí conocido. Haz que salga de donde se haya metido. Con el corazón yo te adoro Sagrado Patrono.

HAGA SU PETICIÓN

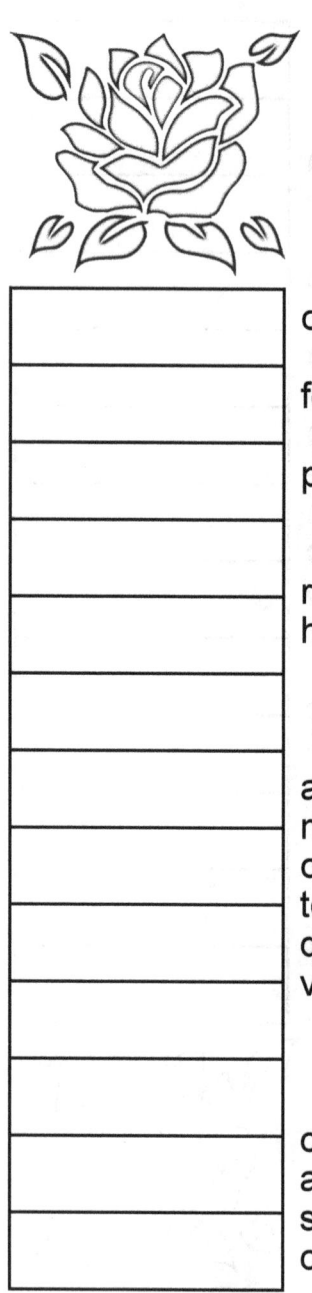

Aquí estoy hincado a tus pies.

Con la luz de tus quinqués que no tienen comparación
alumbra a este humilde feligrés
que viene a hacerte esta petición.

Te ruego con todo mi corazón me concedas... (se hace la petición)

Esto es un asunto de interés te suplico tu atención me des. Concédeme lo que te pido en esta ocasión y con tu divina protección me ayudes, para que seas tú siempre mi salvación.

Padre Nuestro, que estás en el cielo, santificado sea tu nombre; venga a nosotros tu reino; hágase tu voluntad, en la tierra como en el cielo. Danos hoy nuestro pan de cada día; perdona nuestras ofensas, como también nosotros perdonamos a los que nos ofenden; no nos dejes caer en la tentación, y líbranos del mal. Amén.

Dios te salve, María, llena eres de gracia, el Señor es contigo. Bendita tú eres entre todas las mujeres, y bendito es el fruto de tu vientre: Jesús. Santa María, Madre de Dios, ruega por nosotros, pecadores, ahora y en la hora de nuestra muerte. Amén.

Gloria al Padre, al Hijo y al Espíritu Santo. Como era en el principio, ahora y siempre, por los siglos de los siglos. Amén.

DÍA PRIMERO

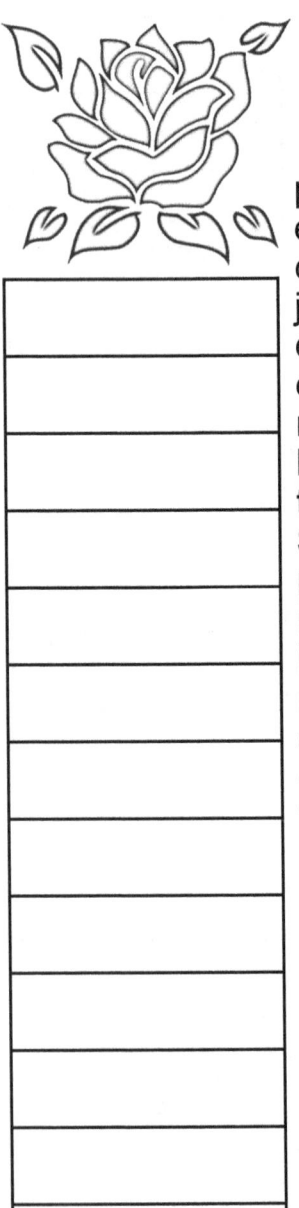

San Antonio, San Antonio, algo se me ha perdido, haz con esto que entono, que se vea aparecido. Adorado Santo espejo de obediencia, si fuere documento dime dónde está. Si en un cajón, en la mesa o bajo el sofá. Dímelo Señor tú que tienes tanta ciencia. Apiádate de mí San Antonio que pierdo la paciencia. No permitas Señor mío que esto me afecte buscando aquí y allá. Por medio de esta novena yo te suplico humildemente, porque sé que con tu ayuda todo cambiará.

Padre Nuestro, que estás en el cielo, santificado sea tu nombre; venga a nosotros tu reino; hágase tu voluntad, en la tierra como en el cielo. Danos hoy nuestro pan de cada día; perdona nuestras ofensas, como también nosotros perdonamos a los que nos

ofenden; no nos dejes caer en la tentación, y líbranos del mal. Amén.

Dios te salve, María, llena eres de gracia, el Señor es contigo. Bendita tú eres entre todas las mujeres, y bendito es el fruto de tu vientre: Jesús. Santa María, Madre de Dios, ruega por nosotros, pecadores, ahora y en la hora de nuestra muerte. Amén.

Gloria al Padre, al Hijo y al Espíritu Santo. Como era en el principio, ahora y siempre, por los siglos de los siglos. Amén.

DÍA SEGUNDO

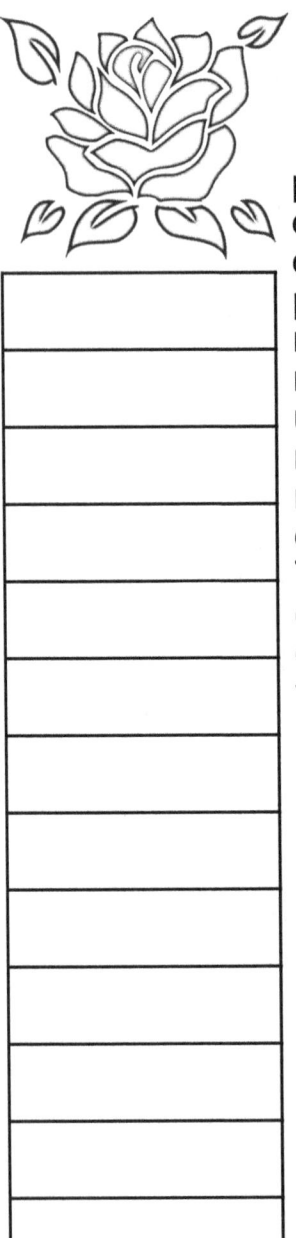

San Antonio, San Antonio, algo se me ha perdido, haz con esto que entono, que se vea aparecido. Idolatrado Santo ejemplo de humildad, si fuere dinero, que me lo paguen, o regresen, o lo encuentre en un rincón. No permitas Señor que acuse a alguien sin razón. Con tu bendita ayuda salga a flote la verdad. Te lo ruego San Antonio sácame de esta oscuridad. Sé querido Santo que en esta vida todo tiene explicación, por eso te suplico me liberes de esta confusión.

Padre Nuestro, que estás en el cielo, santificado sea tu nombre; venga a nosotros tu reino; hágase tu voluntad, en la tierra como en el cielo. Danos hoy nuestro pan de cada día; perdona nuestras ofensas, como también nosotros perdonamos a los que nos ofenden; no nos dejes caer en la tentación, y líbranos del mal. Amén.

Dios te salve, María, llena eres de gracia, el Señor es contigo. Bendita tú eres entre todas las mujeres, y bendito es el fruto de tu vientre: Jesús. Santa María, Madre de Dios, ruega por nosotros, pecadores, ahora y en la hora de nuestra muerte. Amén.

Gloria al Padre, al Hijo y al Espíritu Santo. Como era en el principio, ahora y siempre, por los siglos de los siglos. Amén.

DÍA TERCERO

San Antonio, San Antonio, algo se me ha perdido, haz con esto que entono, que se vea aparecido. Glorificado Señor horno de ardiente caridad, si fuere joya u objeto valioso, que me lo devuelvan, o aparezca donde lo dejé. Te ofrendo esta novena con respeto y amor y a lo que te pido seguiré haciendo hincapié, Señor mío, porque deseo con el alma que aparezca la verdad. Adorado San Antonio ayúdame a sentir seguridad. De tu Sagrado apoyo tengo necesidad. Alúmbrame con tu quinqué.

Padre Nuestro, que estás en el cielo, santificado sea tu nombre; venga a nosotros tu reino; hágase tu voluntad, en la tierra como en el cielo. Danos hoy nuestro pan de cada día; perdona nuestras ofensas, como también nosotros perdonamos a los que nos ofenden; no nos dejes caer en la tentación, y líbranos del mal. Amén.

Dios te salve, María, llena eres de gracia, el Señor es contigo. Bendita tú eres entre todas las mujeres, y bendito es el fruto de tu vientre: Jesús. Santa María, Madre de Dios, ruega por nosotros, pecadores, ahora y en la hora de nuestra muerte. Amén.

Gloria al Padre, al Hijo y al Espíritu Santo. Como era en el principio, ahora y siempre, por los siglos de los siglos. Amén.

DÍA CUARTO

San Antonio, San Antonio, algo se me ha perdido, haz con esto que entono, que se vea aparecido. Santísimo Señor lino de pureza, si fuere persona de mi pasado, que me llame. Te pido San Antonio que permitas que todavía me ame. Haz que con noticias suyas se vaya la tristeza. Te lo ruego de corazón Divina Alteza. Que la amistad crezca y por fidelidad reclame. Deja que entre nosotros la felicidad se desparrame. Poderoso Señor de lo malo que haya pasado haz limpieza.

Padre Nuestro, que estás en el cielo, santificado sea tu nombre; venga a nosotros tu reino; hágase tu voluntad, en la tierra como en el cielo. Danos hoy nuestro pan de cada día; perdona nuestras ofensas, como también nosotros perdonamos a los que nos

ofenden; no nos dejes caer en la tentación, y líbranos del mal. Amén.

Dios te salve, María, llena eres de gracia, el Señor es contigo. Bendita tú eres entre todas las mujeres, y bendito es el fruto de tu vientre: Jesús. Santa María, Madre de Dios, ruega por nosotros, pecadores, ahora y en la hora de nuestra muerte. Amén.

Gloria al Padre, al Hijo y al Espíritu Santo. Como era en el principio, ahora y siempre, por los siglos de los siglos. Amén.

DÍA QUINTO

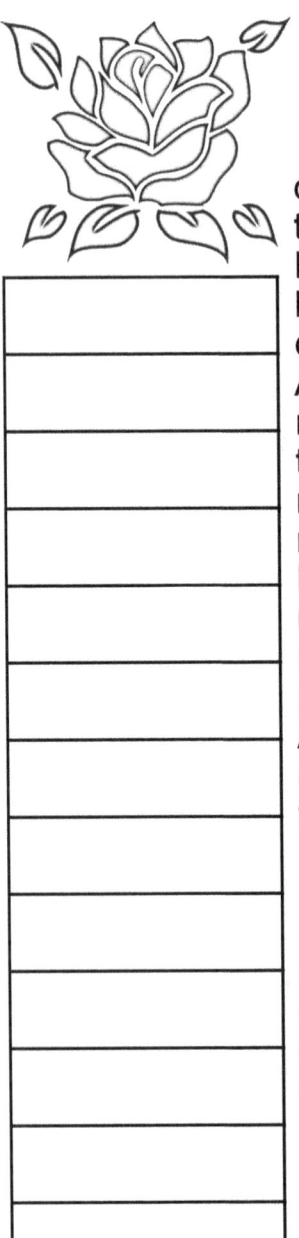

San Antonio, San Antonio, algo se me ha perdido, haz con esto que entono, que se vea aparecido. Bendito Santo lumbrera de los pecadores, si fuere idea que extravié, que regrese. Ayúdame a desechar lo que no sirva y dejar únicamente lo que interese. Señor mío tú puedes lograr que mi vida se llene de colores. Proporcionándome ideas mejores. Permite que dé a mi pensamiento sólo la importancia que merece. San Antonio mi amor por ti cada día crece. Para honrarte te traigo estas flores.

Padre Nuestro, que estás en el cielo, santificado sea tu nombre; venga a nosotros tu reino; hágase tu voluntad, en la tierra como en el cielo. Danos hoy nuestro pan de cada día; perdona nuestras ofensas, como también nosotros perdonamos a los que nos

ofenden; no nos dejes caer en la tentación, y líbranos del mal. Amén.

Dios te salve, María, llena eres de gracia, el Señor es contigo. Bendita tú eres entre todas las mujeres, y bendito es el fruto de tu vientre: Jesús. Santa María, Madre de Dios, ruega por nosotros, pecadores, ahora y en la hora de nuestra muerte. Amén.

Gloria al Padre, al Hijo y al Espíritu Santo. Como era en el principio, ahora y siempre, por los siglos de los siglos. Amén.

DÍA SEXTO

San Antonio, San Antonio, algo se me ha perdido, haz con esto que entono, que se vea aparecido. Reverenciado Señor celador de la justicia, si fuere novia o esposa que me encuentre. Te lo ruego sin malicia. San Antonio amado en tu ayuda estoy esperanzado. Santo Divino manténte aquí a mi lado. Sé querido San Antonio que tú me darás buena noticia. Te dedico esta novena porque pienso que esta es la hora propicia, para que me concedas lo que tanto he anhelado.

Padre Nuestro, que estás en el cielo, santificado sea tu nombre; venga a nosotros tu reino; hágase tu voluntad, en la tierra como en el cielo. Danos hoy nuestro pan de cada día; perdona nuestras ofensas, como también nosotros perdonamos a los que nos

ofenden; no nos dejes caer en la tentación, y líbranos del mal. Amén.

Dios te salve, María, llena eres de gracia, el Señor es contigo. Bendita tú eres entre todas las mujeres, y bendito es el fruto de tu vientre: Jesús. Santa María, Madre de Dios, ruega por nosotros, pecadores, ahora y en la hora de nuestra muerte. Amén.

Gloria al Padre, al Hijo y al Espíritu Santo. Como era en el principio, ahora y siempre, por los siglos de los siglos. Amén.

DÍA SÉPTIMO

San Antonio, San Antonio, algo se me ha perdido, haz con esto que entono, que se vea aparecido. Estimadísimo Señor amigo de la penitencia, si fuere oportunidad, que regrese mejorada. Para que cualquier pena que yo tenga en el pasado quede olvidada. Permíteme San Antonio idolatrado que cuando llegue no sea sólo apariencia. Querido Señor mientras llega dame paciencia. Acuérdate de mí Señor y échame una mirada, para que mi alma se sienta iluminada. Santísimo Señor para mantenerla dame inteligencia. Me inclino ante ti con reverencia.

Padre Nuestro, que estás en el cielo, santificado sea tu nombre; venga a nosotros tu reino; hágase tu voluntad, en la tierra como en el cielo. Danos hoy nuestro pan de cada día;

perdona nuestras ofensas, como también nosotros perdonamos a los que nos ofenden; no nos dejes caer en la tentación, y líbranos del mal. Amén.

Dios te salve, María, llena eres de gracia, el Señor es contigo. Bendita tú eres entre todas las mujeres, y bendito es el fruto de tu vientre: Jesús. Santa María, Madre de Dios, ruega por nosotros, pecadores, ahora y en la hora de nuestra muerte. Amén.

Gloria al Padre, al Hijo y al Espíritu Santo. Como era en el principio, ahora y siempre, por los siglos de los siglos. Amén.

DÍA OCTAVO

San Antonio, San Antonio, algo se me ha perdido, haz con esto que entono, que me vea aparecido. Amado Señor consolador de los afligidos, si fuere proyecto truncado, que resurja en todos los sentidos. Haz Señor Santo que cada vez logre algo mejor, para que mi vida se llene de esplendor. Dame Divino Santo la fuerza de olvidar los incidentes ocurridos. Que los nuevos logros sean por ti bendecidos. San Antonio eres de miles de milagros el autor, para adorarte traigo este incienso de fino olor.

Padre Nuestro, que estás en el cielo, santificado sea tu nombre; venga a nosotros tu reino; hágase tu voluntad, en la tierra como en el cielo. Danos hoy nuestro pan de cada día; perdona nuestras ofensas, como también nosotros

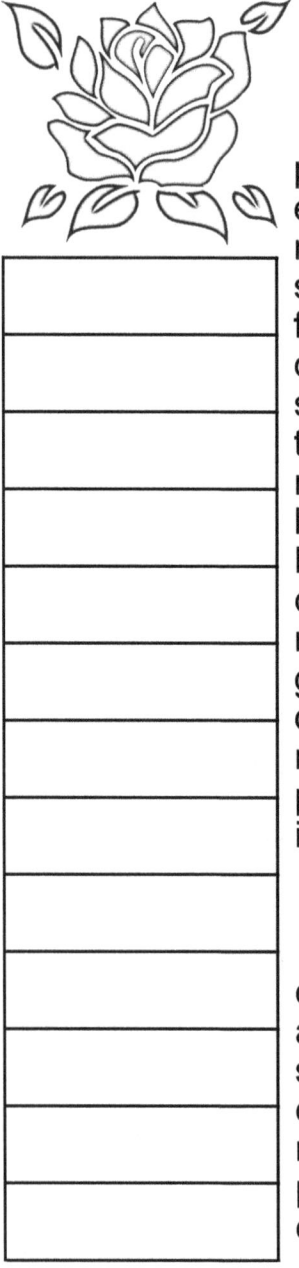

perdonamos a los que nos ofenden; no nos dejes caer en la tentación, y líbranos del mal. Amén.

Dios te salve, María, llena eres de gracia, el Señor es contigo. Bendita tú eres entre todas las mujeres, y bendito es el fruto de tu vientre: Jesús. Santa María, Madre de Dios, ruega por nosotros, pecadores, ahora y en la hora de nuestra muerte. Amén.

Gloria al Padre, al Hijo y al Espíritu Santo. Como era en el principio, ahora y siempre, por los siglos de los siglos. Amén.

DÍA NOVENO

San Antonio, San Antonio, algo se me ha perdido, haz con esto que entono, que me vea aparecido. Bendito sea tu nombre sembrador de milagros, si no me puedes regresar exacto lo que yo pedí, mándame uno similar o mejorado, para sentir que por fin lo he encontrado. Amado San Antonio no dejes que sólo sea un rumor. Aleja de mí cualquier temor. Esta novena te dedico con cariño para recibir el favor Sagrado. Confío en ti Divino Señor Sacramentado de brillante resplandor.

Padre Nuestro, que estás en el cielo, santificado sea tu nombre; venga a nosotros tu reino; hágase tu voluntad, en la tierra como en el cielo. Danos hoy nuestro pan de cada día; perdona nuestras ofensas, como también nosotros perdonamos a los que nos

ofenden; no nos dejes caer en la tentación, y líbranos del mal. Amén.

Dios te salve, María, llena eres de gracia, el Señor es contigo. Bendita tú eres entre todas las mujeres, y bendito es el fruto de tu vientre: Jesús. Santa María, Madre de Dios, ruega por nosotros, pecadores, ahora y en la hora de nuestra muerte. Amén.

Gloria al Padre, al Hijo y al Espíritu Santo. Como era en el principio, ahora y siempre, por los siglos de los siglos. Amén.

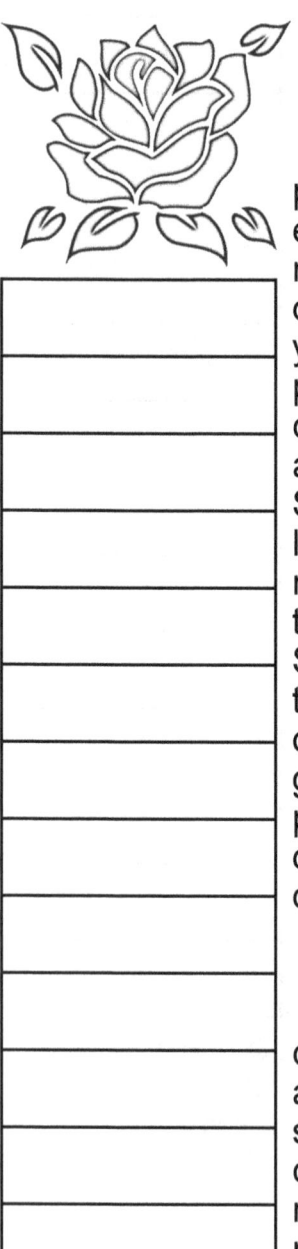

ORACIÓN FINAL

San Antonio, San Antonio, algo se me ha perdido, haz con esto que entono, que me vea aparecido. Adorado Señor que despreciaste las vanidades y tu bondad desplegaste por todas las ciudades, recibe esta novena que con amor vengo a entregarte. Señor Santificado haz que la duda yo descarte. Para mejorar me des más oportunidades. Te ruego Divino San Antonio que me apartes de las dificultades. Que de tu Santa bondad yo tenga parte. Para encontrar lo perdido tú tienes arte, Bendito Señor de Santas cualidades.

Padre Nuestro, que estás en el cielo, santificado sea tu nombre; venga a nosotros tu reino; hágase tu voluntad, en la tierra como en el cielo. Danos hoy nuestro pan de cada día; perdona nuestras ofensas, como también nosotros perdonamos a los que nos ofenden; no nos dejes caer en la tentación, y líbranos del mal. Amén.

Dios te salve, María, llena eres de gracia, el Señor es contigo. Bendita tú eres entre todas las mujeres, y bendito es el fruto de tu vientre: Jesús. Santa María, Madre de Dios, ruega por nosotros, pecadores, ahora y en la hora de nuestra muerte. Amén.

Gloria al Padre, al Hijo y al Espíritu Santo. Como era en el principio, ahora y siempre, por los siglos de los siglos. Amén.

Papá Dios: que tu sabiduría nos guíe; que tu luz ilumine nuestro camino; que tu amor nos de paz; que tu poder nos proteja, y que por donde quiera que caminemos, tu presencia nos acompañe. Gracias Papá Dios que ya nos oíste. Amén.

www.ingramcontent.com/pod-product-compliance
Lightning Source LLC
Chambersburg PA
CBHW070634150426
42811CB00050B/306